W0084457

ARMIN TÄUBNER
EVA SOMMER

Bastelspaß für
Pferdefans

▶ 1[?]

▶ 30

▶ 28

INHALT

>42

Bastelspaß für Pferdefans

Geht es dir auch so wie vielen anderen Mädchen, dass du nie genug von Pferden bekommen kannst und dein Zimmer von ihnen nur so wimmelt? Dann haben wir genau das Richtige für dich – nämlich noch mehr Pferde.

Bei uns tummeln sie sich auf Kissenbezügen, am Fenster, an der Türe, auf Porzellan und sogar auf einem Schoko-Kuchen. Also da dürfte doch bestimmt noch die eine oder andere Idee für dich dabei sein, die du noch nicht kennst oder noch nicht hast.

Doch wir zeigen dir nicht nur viele hübsche Pferde. Du findest hier auch eine ganze Reihe praktischer Dinge, die einfach zur Welt der Pferde gehören, wie z.B. eine Putzbox für deine Pferdeutensilien oder ein Führstrick, damit dir dein geliebter Freund nicht mehr ausbüxen kann.

Wir wünschen dir ganz viel Spaß beim Basteln. Bahn frei für eine ganze Herde bunter Pferde!

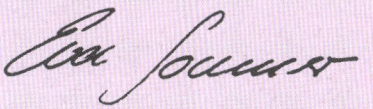 

Hier wohnt ein Pferdefreund
hübsches Türschild

MOTIVHÖHE
ca. 25 cm

MATERIAL
* Fotokarton in Beige, A4
* Fotokarton in Silber, 20 cm x 20 cm
* Fotokartonreste in Weiß, Dunkelgrau und Braun
* dicker Permanentmarker in Rot und Blau
* Buntstift in Rotbraun
* dünner Filzstift in Schwarz
* doppelseitiges Klebeband, Bildaufhänger oder Kordel (ø 2 mm, ca. 50 cm lang) für die Aufhängung
* evtl. Nagel oder Reißzwecke

VORLAGE
Seite 52

1 Übertrage den Pferdekörper auf den beigefarbenen, die Mähne, das Kopfhaar und den Schweif auf den braunen Fotokarton. Die Nägel werden auf dunkelgrauen, die Zähne auf weißen und das Hufeisen auf den silberfarbenen Karton übertragen. Danach schneidest du alle Teile mit der Schere aus.

2 Klebe nun das Kopfhaar und die Mähne von vorn und die Zähne von hinten an den Pferdekopf.

3 Anschließend mit dem braunen Buntstift die Konturen des Kopfes nachfahren, das Nasen- und Ohrloch nachzeichnen und drei braune Flecken auf Wange und Hals aufmalen. Das Auge und die Zähne malst du mit dem schwarzen Filzstift auf.

4 Den Text „Hier wohnt ein" mit blauem Permanentmarker auf das Hufeisen schreiben und die vier Nägel dazwischen aufkleben.

5 Nun klebst du das Hufeisen auf den Pferdekörper und bringst den Schweif von hinten mit Klebstoff an. Mit rotem Permanentmarker schreibst du noch das Wort „Pferdefreund" in die Mitte des Hufeisens.

6 Das Türschild kannst du mit doppelseitigem Klebeband oder mit Bildaufhängern direkt an die Türe kleben. Oder du klebst von hinten eine Kordel an, die du dann an einen Nagel oder eine Reißzwecke hängen kannst.

Mein Tipp für dich

Variante Natürlich kann auch ein anderer Text auf dem Türschild stehen, z.B. „Pferdestall", „Nicht stören – Pferd schläft" oder dein eigener Name.

Für deine liebsten Schätze

oder für allerlei Krimskrams

MOTIVGRÖSSE
Herz ca. 13 cm breit
Kleeblatt ca. ø 7 cm

MATERIAL

* 2 Spanschachteln,
  ø 9 cm und
  13,3 cm x 10,5 cm

* Acrylfarbe in Weiß,
  Gelb, Rosa, Rot, Hell-
  braun, Rotbraun,
  Dunkelbraun, Hell-
  grau und Grün

* Haarpinsel in dick
  (Nr. 10–12), mittel
  (Nr. 3–5) und dünn
  (Nr. 0)

* dünner Permanent-
  marker in Schwarz
  und Rot

* evtl. transparentes
  Wachs (z. B. Schuh-
  creme) zur Oberflä-
  chenbehandlung

VORLAGE
Seite 52

1 Beginne mit dem Grundieren der Schachteln und bemale dazu die Deckel in Dunkelbraun. Die Schachteln selbst werden grün bzw. rosa angemalt. Alles gut trocknen lassen. Dann werden die Motive aufgemalt.

2 Beim Motiv mit Kleeblatt zuerst das Kleeblatt mit Bleistift auf den Deckel übertragen. Erst weiß und nach dem Trocknen grün ausmalen. Nun den Pferdekopf übertragen und mit weißer Farbe ausmalen. Trocknen lassen. Dann kannst du den Kopf mit hellbrauner und die Mähne mit gelber Farbe gestalten.

3 Beim Herz-Motiv zuerst das große Herz auf den Deckel übertragen und in Weiß ausmalen. Trocknen lassen. Danach das kleinere Herz übertragen und in Rosa ausmalen. Erneut trocknen lassen. Nun die Pferdeköpfe übertragen und weiß grundieren. Wenn die Farbe trocken ist, den linken Pferdekopf hellgrau, den rechten nochmals weiß ausmalen. Die Mähnen werden mit Dunkelbraun bzw. mit Hellgrau gestaltet.

4 Beide Motive erhalten helle Lichtreflexe. Dazu etwas weiße Farbe mit wenig Wasser verdünnen und mit dem Pinsel an Maul und Hals sowie an den Rundungen der Kleeblattblätter kurze Glanzstreifen aufmalen. Beim weißen Pferd malst du hellbraune Schattierungen auf.

5 Danach den Kopf und die Mähne der Pferde mit einem dünnen Pinsel und dunkelbrauner Farbe oder mit dem schwarzen Permanentmarker umranden. Damit auch Auge, Mund, Ohr- und Nasenloch aufzeichnen. Das braune Pferd bekommt schließlich noch eine weiße Blesse aufgemalt.

6 Nun folgt das Finish: Male einen dünnen schwarzen bzw. braunen Rand um das rosa Herz und ergänze die roten Punkte mit dem Permanentmarker. Zuletzt den Namen von Hand zwischen die Pferdeköpfe schreiben.

Mein Tipp für dich

Einwachsen Reibe deine Schachteln nach dem Trocknen mit transparenter Schuhcreme ein. So präpariert lassen sich die Spanschachteln auch mal feucht abwischen.

Meine Lieblingstasche

von einer großen Pferdefreundin

MOTIV-
GRÖSSE
Tasche ca. 35 cm
hoch (ohne
Trageriemen)

MATERIAL
* Fellstoff in
  Rotbraun,
  80 cm x 50 cm
* Wolle in Gelb
* Bastelfilzreste
  in Rot, Rosa und
  Türkis
* 2 verschiedene
  Baumwollbän-
  der in Weiß-Blau
  kariert, 1 cm
  breit, 50 cm lang
  (für Halfter) und
  1,20 m lang (für
  Trageriemen)
* Füllwatte
* Stoffschere
* Schneiderkreide
* Permanent-
  marker in
  Schwarz
* Nadel und
  Nähgarn in
  Schwarz
* Sticknadel mit
  großem Öhr
* Stecknadeln
* Nähmaschine

VORLAGE
Seite 53

1 Fertige zuerst eine Schablone für den Pferdekörper und die Beine an. Danach das Stoffstück doppelt legen, sodass die flauschige Seite innen liegt, und außen am Rand mit Stecknadeln fixieren.

2 Lege die Schablonen für den Körper und für die Beine auf, umfahre sie mit Schneiderkreide und schneide sie mit ca. 1 cm Nahtzugabe aus. Du hast nun insgesamt zwei Körperteile und zwei Beinteile.

3 Lege die Beinteile zur Hälfte (siehe gepunktete Linie auf der Vorlage), sodass die flauschige Seite innen liegt. Dann nähst du die Beine an der langen und an einer der schmalen offenen Kanten zusammen. Die Beine wenden, sodass die flauschige Seite außen ist.

4 Lege nun ein Körperteil mit der flauschigen Seite nach oben vor dich hin und platziere die Beine wie auf der Vorlage eingezeichnet darauf. Die offene schmale Kante der Beine zeigt dabei nach außen! Wenn du möchtest, kannst du die Beine zuvor mit etwas Füllwatte ausstopfen, dann sind sie etwas fülliger.

5 Lege nun das zweite Körperteil mit der flauschigen Seite nach unten darüber und stecke dann alles mit den Stecknadeln fest. Achte dabei besonders darauf, dass die Beine nicht mehr verrutschen können.

6 Das Pferd bis auf die Öffnung oben rundum mit der Nähmaschine zusammennähen. An der Öffnung die angeschnittenen Laschen nach unten umklappen und am Rand entlang von Hand auf dem Körperteil festnähen. Dabei ganz kleine, unsichtbare Stiche machen! Das Pferd wenden, sodass die flauschige Seite außen ist.

7 Nun werden der Pony, die Mähne und der Schweif angefertigt. Nimm dafür jeweils einen langen Wollfaden und nähe mit der Sticknadel große Schlaufen an. Der Pony sitzt direkt vor dem Ohr, die Mähne wird an der Naht entlang aufgenäht und der Schweif ein Stück hinter der Taschenöffnung. Je mehr Schlaufen aufgenäht werden, desto dicker wird die Haarpracht.

8 Die Fadenenden gut im Innern vernähen und den Schweif am Ansatz mit etwas Wolle abbinden, damit er schön zusammenhält.

9 Für das Halfter das kurze Bandstück unten am Kopf annähen, einmal um den Kopf legen und wieder nach unten führen. Das Band oben mit ein paar Stichen fixieren und unten fest annähen. Den Rest abschneiden.

10 Das restliche Band mit einem Ende seitlich am Halfter festkleben, hinten um den Kopf herumführen und auf der anderen Seite ebenfalls am Halfter festkleben. Das Band zusätzlich am Mähnenansatz mit ein paar Stichen fixieren.

11 Die Augen, den Mund und die Nüstern mithilfe der Vorlage aus dem Bastelfilz ausschneiden. Die Pupille mit dem Permanentmarker aufmalen. Danach die Filzteile aufkleben. Wer die Tasche waschen möchte, sollte die Augen, den Mund und die Nüstern besser aufnähen.

12 Nun noch den Kopf und den Hals mit Füllwatte ausstopfen und den Trageriemen anbringen. Dazu das lange Band oben am Halfter und hinten am Schweif festbinden und mit ein paar Stichen fixieren. Die Bandenden jeweils zu Schleifen binden.

Mein Tipp für dich

Kein Umsäumen nötig Das Fell ist so dicht, dass es an den Schnitträndern nicht versäumt werden muss.

Geflochtener Führstrick

auch als Schlüsselanhänger geeignet

MOTIVLÄNGE
2 m (inkl. Karabiner)

MATERIAL
* je 2 Satinkordeln
  in Rosa, Violett
  und Pink, ø 2 mm,
  6 m lang (Rosa
  und Violett) bzw.
  7 m lang (Pink)
* Karabiner,
  8 cm lang

1 Die Kordeln jeweils bis zur Hälfte durch die Karabineröse ziehen und so anordnen, dass links und rechts außen jeweils eine der beiden längeren pinkfarbenen Kordeln ist. Nach innen folgt nun jeweils eine violette Kordel und in der Mitte befinden sich die beiden rosafarbenen Kordeln.

2 Nun werden sieben Weberknoten geknüpft. Dazu jeweils die beiden pinkfarbenen Kordeln auf den Seiten als Knüpffäden nehmen (in der Skizze pink gekennzeichnet) und um die violetten und rosafarbenen Kordeln (Leitfäden, in der Skizze in Violett dargestellt) knoten.

3 Und so geht's: Lege die beiden rechten pinkfarbenen Kordeln in einem Bogen waagerecht über die Leitfäden. Die linken pinkfarbenen Kordeln senkrecht darüberlegen, hinter den Leitfäden nach rechts führen und durch die Schlaufe ziehen. Der zweite Teil des Knotens wird gegengleich gearbeitet. Also die linken Kordeln waagerecht nach rechts legen, die rechten Kordeln darüberlegen, hinter den Leitfäden nach links führen und durch die Schlaufe ziehen.

4 Der Rest des Führstricks wird geflochten. Nimm dazu die beiden pinkfarbenen Knüpffäden und die beiden violetten Fäden von der rechten Seite zu den beiden jeweils gleichfarbigen Fäden auf der linken Seite. Nun hast du drei einfarbige Vierergruppen, die du zu einem Strick flechten kannst.

5 Wenn von den Fadenenden noch ca. 25 cm übrig sind, machst du mit allen Fäden einen festen Knoten, damit der Zopf nicht mehr aufgehen kann. Die violetten Fäden auf eine Länge kürzen und die Enden jeweils mit einem Knoten versehen. Die rosafarbenen Fäden 3 cm kürzer als die violetten Fäden schneiden und an die Enden wieder Knoten machen. Die pinkfarbenen Fäden weitere 3 cm kürzen und ebenfalls verknoten.

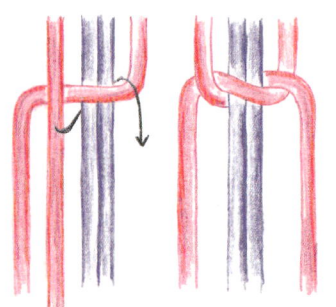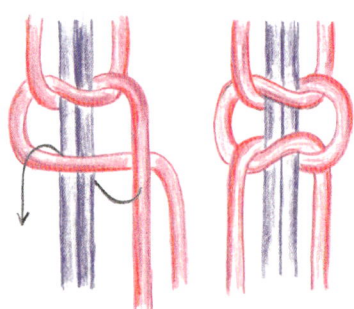

(vereinfachte Darstellung)

Süßes Shirt

mit weißem Pferd

MOTIVGRÖSSE
Pferd ca. 25 cm breit

MATERIAL

* T-Shirt oder Sweatshirt in Pink, in gewünschter Größe
* Textilfarbe in Weiß
* Glitterliner in Silber
* Haarpinsel, Nr. 3–5 und 0–1 (für Mähnenspitzen)
* Acryl-Strasssteine, ø 4 mm, 3 x in Helllila, 1 x in Kristall, 2 x in Hellblau und 1 x in Blau (Auge)
* Acryl-Strassblüten, ø 1 cm, 4 x in Rosa, 2 x in Lila und 1 x in Hellblau
* Schmucksteinkleber
* dicke Pappe (als Malunterlage)
* Bügeleisen

VORLAGE
Seite 59

1 Die Pappe etwa auf die Größe des T-Shirts (ohne Ärmel) zuschneiden und innen in das T-Shirt legen. So vermeidest du, dass die feuchte Farbe bis auf die Rückseite des T-Shirts durchdringt.

2 Jetzt kannst du das Pferd mithilfe einer Schablone und einem Bleistift auf die Vorderseite des T-Shirts übertragen. Male es mit der weißen Textilfarbe mehrmals aus, bis es den gewünschten Weißton erreicht hat.

3 An der Mähne und an den Rändern solltest du die Farbe besonders oft auftragen, damit sich das Pferd deutlich vom T-Shirt abhebt. Zwischen den einzelnen Schichten und nach der letzten Farbschicht lässt du die Farbe immer gut trocknen.

4 Nun die Mähne und die Ränder des Pferdes mit Glitter verzieren. Dazu den Glitter mit dem Liner aufmalen und mit den Fingern verteilen. Gut trocknen lassen. Dann kannst du die Strasssteine und -blüten mit dem Schmucksteinkleber aufkleben.

5 Und schließlich nimmst du die Pappe nach dem Trocknen wieder heraus und fixierst die Stoffmalfarbe gemäß der Beschreibung des Herstellers (siehe Verpackung).

Mein Tipp für dich

Trocken föhnen Zum Trocknen der Farbe kannst du gut einen Föhn verwenden. Den Föhn aber nicht zu heiß einstellen und immer genügend Abstand zum Kleidungsstück halten!

Treue Begleiter

folgen dir über Stock und Stein

MOTIV-
GRÖSSE
ca. 7,5 cm breit
(ohne Schweif)

MATERIAL

* Moosgummirest
  in Rosa oder Gelb
* Wollreste in Rot
  und Gelb
* ggf. Baumwoll-
  schnur in Rot,
  ø 4 mm,
  ca. 25 cm lang
  (Aufhänger)
* 2 Holzperlen in
  Gelb, ø 1,5 cm,
  oder 2 Glöck-
  chen in Messing,
  ø 1,5 cm
* Schlüsselring in
  Silber
* dünner Perma-
  nentmarker in
  Schwarz und Rot
* spitze Sticknadel
  mit großem Öhr

VORLAGE
Seite 52

1 Die Vorlage für den Pferdekörper auf das Moosgummi übertragen und ausschneiden. Anschließend stichst du mit der Nadel die angegebenen Löcher für die Beine, die Mähne, den Pony, den Schweif und den Aufhänger ein.

2 Nun die Mähne und den Pony anbringen: Dazu durch jedes Loch einen Wollfaden mit der Nadel ziehen. Anschließend die Fadenenden fest verknoten, auf die gewünschte Länge schneiden und etwas ausfransen.

3 Beim Schweif gehst du genau gleich vor. Damit er schön füllig wird, ziehst du aber mehrere Fäden durch. Binde außerdem den Schweif oben am Ansatz mit einem Stück Wolle ab, damit er schön fällt.

4 Für die Beine je ein ca. 10 cm langes Wollstück durch ein Loch ziehen, je ein Glöckchen oder eine Perle aufziehen und die Wolle so verknoten, dass die Beine ungefähr 2,5 cm lang (ohne Glocke bzw. Perle) sind. Die restliche Wolle abschneiden.

5 Die Augen, den Mund und die Nasenlöcher mit schwarzem, die Wangen mit rotem Permanentmarker aufmalen. Zuletzt das Pferd mit einer Baumwollschnur oder mit einem geflochtenen Wollzopf am Schlüsselring einhängen.

Gutscheine für Reitstunden

das perfekte Geschenk für die beste Freundin

MOTIVGRÖSSE
16 cm x 6 cm

MATERIAL
* Fotokarton in Orange oder Gelb, 16 cm x 6 cm
* verschiedene Buntstifte
* dünner Filzstift in Schwarz
* dicker Filzstift in Rot

VORLAGE
Seite 54

1 Zuerst das Motiv und den Schriftzug mithilfe eines Bleistiftes auf das rechteckige Fotokartonstück übertragen.

2 Nun die Reiterstiefel, den Helm und den Sattel mit den Steigbügeln mit den Buntstiften ausmalen. Dabei kannst du selbst entscheiden, welche Farben dir am besten gefallen.

3 Anschließend die Linien und die Reitergerte mit dem dünnen schwarzen Filzstift nachziehen.

4 Den Text schreibst du mit dem dicken roten Filzstift nach. Dabei die gewünschte Anzahl der Reitstunden eintragen.

Im Galopp around the clock!

damit weißt du immer, wie viel Uhr es ist

MOTIVGRÖSSE
30 cm x 30 cm

MATERIAL
* Sperrholz,
  4 mm stark,
  30 cm x 30 cm
* Fotokarton in Rosa,
  30 cm x 30 cm,
  und Rest in Violett
* Schreibpapier in
  Weiß, A4
* selbstklebende
  Ziffern in Schwarz,
  von 1 bis 12,
  je 2 cm hoch
* Quarzuhrwerk
* Zeiger in Schwarz,
  9,5 cm lang
* Motivlocher:
  Blüte, ø 1,5 cm
* Bürolocher
* Zirkel
* Lineal
* Vorstechnadel
* Laubsäge
* Schleifpapier,
  Körnung 150
  oder feiner
* Bohrmaschine
  und Bohrer,
  ø 1 cm

VORLAGE
Seite 55

1 Zuerst die Ecken der Sperrholzplatte mit der Laubsäge abrunden. Dann die Mitte der Sperrholzplatte durchbohren. Anschließend die Kanten mit dem Schleifpapier glätten.

2 Schraube nun vom Uhrwerk zuerst die kleine Mutter und dann noch die folgende Messinghülse ab. Stecke die Hülse mit dem Gewinde probeweise durch das Bohrloch, um zu schauen, ob sie durchpasst. Dann kannst du sie wieder entfernen.

3 Nun die Sperrholzplatte auf den Karton legen und den Umriss sowie das Bohrloch mit Bleistift übertragen. Alles ausschneiden und den Karton auf das Sperrholz kleben. Dabei genügt es, wenn ein Klebstoffring um den Mittelpunkt und ein weiterer Ring knapp am Kartonrand entlang gezogen wird.

4 Als Nächstes werden die Ziffern angebracht. Ziehe dazu mit dem Zirkel einen Hilfskreis (Radius 13 cm) und unterteile ihn in zwölf gleich große Abschnitte (lies hierzu auch den Tipp auf dieser Seite). Die Ziffern erst probeweise auflegen und dann aufkleben.

5 Fotokopiere die Pferde von der Vorlage und schneide sie exakt aus, sodass die schwarzen Linien noch zu sehen sind. Dann die Pferde auf der Uhr anordnen und ankleben.

6 Jetzt kannst du die Blüten ausstanzen, mit einem weißen Papierpunkt versehen und aufkleben. Fehlt nur noch das Uhrwerk: Stecke die Messinghülse durch das Bohrloch und schraube auf der Rückseite das Uhrwerk an. Den Stunden- und den Minutenzeiger steckst du von vorn auf und fixierst sie mit der kleinen Messingmutter. Jetzt einfach noch die Batterie einlegen und dann die Uhr an die Wand hängen. Fertig!

Mein Tipp für dich

Der Trick mit dem Kreis Zeichne mit dem Zirkel einen Kreis (Radius 13 cm). Stich dann mit dem Zirkel an beliebiger Stelle auf der Kreislinie ein und übertrage das Zirkelmaß auf beiden Seiten auf der Kreislinie. Stich dann an diesen Markierungen ein und übertrage wieder das Zirkelmaß. Noch einmal wiederholen, dann ist der Kreis in sechs Stücke geteilt. Ermittle nun an einer Stelle die Mitte zwischen zwei Strichen und stich dort wieder auf der Kreislinie ein. Übertrage wieder wie beschrieben das Zirkelmaß ringsum auf die Kreislinie. Nun hast du zwölf gleich große Teile.

Stürmische Pferdeherde

auf der Suche nach Abenteuer

MOTIVHÖHE
ca. 16 cm

VORLAGE
Seite 56

MATERIAL
PRO MOTIV
* Fensterfolie in Pink,
  A4
* dünne Pappe, A4

Mein Tipp für dich

Dekorative Reste Nicht nur die Pferde aus der Fensterfolie sind sehr dekorativ. Auch die Schablonen und die Pferde aus dem Trägerkarton sehen mit ein bisschen Farbe richtig toll aus. Bei den Schablonen sind bereits Mähne, Augen, Nüstern und Hufe eingezeichnet.

1 Mach zuerst eine Kopie der Vorlage für die beiden Pferde und klebe sie auf dünne Pappe auf. Dann die beiden Pferde ausschneiden. Jetzt hast du zwei Schablonen, die du so oft, wie du willst, auf die Fensterfolie übertragen kannst.

2 Dazu die Schablonen auf den grauen Trägerkarton der Fensterfolie legen und die Umrisse mit Bleistift nachziehen. Am besten wirken die Fensterpferde als Herde, also mindestens fünf Stück.

3 Nun einfach die Pferde mit der Schere ausschneiden, vom Trägerkarton abziehen und am Fenster anordnen. Schon kann die Herde losstürmen.

Zauberhaftes Winterpferd

stapft durch den tiefen Schnee

MOTIVGRÖSSE
50 cm x 40 cm

MATERIAL

* Keilrahmen,
  50 cm x 40 cm

* Acrylfarbe in Weiß,
  Blau, Hellblau, Beige
  und Rosa

* Aquarellfarbstift in
  Hellblau und Mittel-
  grau

* Haushaltsschwamm,
  ca. 4 cm x 4 cm
  (evtl. zuschneiden)

* Haarpinsel in
  dick (Nr. 10–12),
  mittel (Nr. 3–5)
  und dünn (Nr. 1)

VORLAGE
Seite 57

1 Übertrage zuerst die Linie, die den blauen Himmel vom weißen Schnee und dem Schloss trennt. Dann den Himmel mit dem Schwamm und der hellblauen Farbe flächig austupfen. Trage die Farbe dazu dünn und zügig auf und lasse sie anschließend gut trocknen.

2 Das Pferd, den Vogel und die Burg mit einem Bleistift übertragen. Mische dann etwas Hellblau mit Weiß, damit ein noch helleres Blau entsteht. Die so angerührte Farbe sollte reichen, um das Pferd damit zwei Mal auszumalen. Lass die Farbe zwischen den Anstrichen gut trocknen.

3 Die Mähne, den Pony, den Schweif und den Sattelgurt mit Hellblau ausmalen. Mit der blauen Farbe die Augen, die Nasenlöcher, die Ohren und das Halfter gestalten. Die Nasenlöcher und die Ringe am Halfter mit etwas Rosa ergänzen.

4 Nun das Pferd mit dem hellblauen Aquarellstift umranden. Die Augen, die Mähne, der Pony und der Schweif werden mit dem grauen Aquarellstift ausgestaltet.

5 Den Sattel und das Schloss, ohne die Dächer, mit hellem Beige ausmalen. Hierfür Beige mit etwas weißer Farbe mischen. Trocknen lassen und dann den Vorgang wiederholen. An den Rändern des Sattels und des Schlosses reines Beige auftragen. Mit dem hellblauen Aquarellstift die Dächer umranden und die Fenster aufmalen.

6 Den Vogel wie abgebildet mit Weiß, Rosa und Hellblau ausmalen und anschließend mit dem blauen Aquarellstift umranden. Das Auge ebenfalls mit dem Stift aufmalen und an den Flügelspitzen die Federn andeuten. Zum Schluss noch ein paar hellblaue Flecken als Hufabdrücke in den Schnee setzen.

Mein Tipp für dich

Die Größe variieren Das Pferdemotiv lässt sich auch auf andere Keilrahmengrößen übertragen. Vergrößere oder verkleinere dazu die Vorlage einfach mit dem Kopierer.

Zwei edle Schimmel

mit Blümchen gerahmt

MOTIVGRÖSSE
ca. ø 17 cm

**MATERIAL
PRO MOTIV**

* Fotokarton in Weiß und Rosa, ca. 20 cm x 20 cm
* Tonpapierreste in Türkis, dunklem Pink und Rotbraun oder in Hellgrün, Pink und Mittelgrau
* Buntstift in Rosa und Dunkelgrau sowie in Hellblau, Hellgrün, Lila und Weinrot bzw. in Flieder und Hellgrün
* evtl. Mappe in Hellgrün, 32 cm x 24 cm

VORLAGE
Seite 56

1 Schneide den Ring aus dem rosafarbenen Fotokarton und den Pferdekopf aus dem weißen Fotokarton aus. Die Mähne und der Pony werden aus rotbraunem oder mittelgrauem Tonpapier angefertigt.

2 Die Blümchen ebenfalls mithilfe der Schablone ausschneiden. Du brauchst etwa 9–10 Stück. Du kannst sie ganz nach Belieben entweder alle in einer Farbe anfertigen oder in verschiedenen Farben. Für das Pferdemotiv auf der Mappe werden außerdem sechs grüne Blätter benötigt.

3 Nun werden die Teile mit Klebstoff zusammengefügt: Die Mähne und den Pony von vorn auf den Pferdekopf aufkleben. Dann den Pferdekopf am unteren Ende von hinten an den rosa Ring kleben. Das Ohr und die Spitzen der Mähne wieder von vorn auf dem Ring fixieren. Zuletzt die Blüten und ggf. die grünen Blätter aufkleben.

4 Male nun mit dem grauen Buntstift das Auge, das Nasenloch, das Innenohr, die Wange und das Maul mit den Zähnen auf. Anschließend werden das Ohr, die Wange, das Kinn, die Schnauze, die Nüster und das Augenlid mit dem rosafarbenen Farbstift leicht schattiert.

5 Zum Schluss noch die Blüten, die grünen Blätter und den rosafarbenen Ring mit den Buntstiften verzieren. Das fertige Motiv kannst du als dekoratives Bild aufhängen oder als Verzierung auf eine Mappe kleben.

Mein Tipp für dich

So geht's leichter Einfacher ist es, wenn du die Blumen mit einem Motivlocher ausstanzt. Dann brauchst du nicht so viele kleine Blumen mit der Schere auszuschneiden.

1 So sieht die Box aus, wenn die Seitenteile miteinander verbunden und fest verleimt sind.

2 Als Nächstes wird der Deckel angebracht. Dazu muss zunächst das Scharnierband ein Stück vom Rand entfernt mit Schrauben befestigt werden.

Alles an Ort und Stelle

praktische Box für echte Pferdefans

1 Beim Zuschneiden der Holzteile sind mehr als die angegebenen Leimholzbretter erforderlich, weil sich Brettbereiche mit möglichst wenigen und kleinen Ästen am besten dafür eignen. Die Äste sollten sich nicht auf den Sägelinien befinden. Die zuvor angefertigten Kartonschablonen werden auf dem Brett so lange verschoben, bis der beste Abschnitt gefunden ist.

2 Nun den Umriss mit Bleistift nachziehen und dann aussägen. Für die langen, geraden Schnitte nimmt man am besten eine Kreissäge. Für die Innenschnitte der Handgriffe und die abgerundeten Ränder der beiden Seitenteile ist eine Dekupiersäge notwendig.

3 Dazu in die spätere Grifföffnung zuerst ein Loch bohren. Das Loch darf nicht direkt neben der aufgezeichneten Sägelinie sein (Abstand ca. 1 cm) weil das Bohrloch auf der Brettrückseite oft ausfranst. Nun das Sägeblätt-

chen an einem Ende an der Dekupiersäge lösen, durch das Bohrloch stecken und wieder an der Säge fixieren und spannen.

4 Die Kanten der Seitenteile mit der Feile abrunden und mit dem Schleifpapier glätten. Beim Boden und beim Deckel die beiden Längsseiten mit der Feile abrunden. Beim Vorderteil und bei der Rückseite werden keine Seiten abgerundet.

5 Sind alle sechs Holzteile vorbereitet, ein Seitenteil auf den Tisch legen und den Boden sowie die Vorder- und Rückseite senkrecht draufstellen. Mit dem Bleistift jeweils die Innenseite der senkrechten Bretter nachziehen. Dasselbe mit dem anderen Seitenteil wiederholen. Dann können die beiden Löcher für das Lederband in die Vorderwand gebohrt werden.

6 Nun die Bodenplatte an den beiden kurzen Seiten mit Leim bestreichen und auf einen etwas kleineren Leimholzplattenrest legen (die Füßchen der Seitenteile sind wie der Leimholzplattenrest 2 cm hoch bzw. dick). Die Vorder- und Rückseite an einer Längsseite und an beiden Schmalseiten mit Leim bestreichen und jeweils 1 cm vom Rand entfernt auf die Bodenplatte stellen.

7 Nun die beiden Seitenteile anbringen und alles mit den beiden großen Schraubzwingen zusammenhalten. Die Schraubzwingen werden also an den beiden Seitenteilen angelegt und spannen den dazwischenliegenden Boden samt Vorder- und Rückseite zusammen. Mit den kleinen Schraubzwingen die Vorderseite sowie die Rückseite senkrecht auf die Bodenplatte spannen.

8 Den Deckel zweimal für den Lederriemen durchbohren. Auf der gegenüberliegenden Längsseite 1 cm

MOTIVGRÖSSE
39 cm x 25 cm x 30 cm

MATERIAL

* Fichtenleimholz,
  2 cm stark, 2 x 30 cm
  x 25 cm (Seitenteile),
  2 x 35 cm x 21 cm
  (Boden und Deckel),
  2 x 35 cm x 18 cm (Vor-
  der- und Rückwand)

* Rundholzstab,
  ø 1,2 cm, 4,5 cm lang

* Scharnierband
  (Klavierband), 2 cm
  breit, 34,5 cm lang

* 12 Messingschrauben,
  ø 5 mm, 1,5 cm lang

* Lederriemen, ø 2–3 mm,
  20 cm und 40 cm lang

* feiner Kreuzschlitz-
  schraubendreher

* 2 Schraubzwingen,
  mindestens 60 cm lang

* 4 Schraubzwingen,
  mindestens 30 cm lang

* Schleifpapier,
  Körnung 180

* Bohrer, ø 3–4 mm
  (für Lederriemen)

* Metallsäge

* Dekupiersäge

* evtl. Kreissäge

* Feile

* Holzleim

VORLAGE
Seite 58

vom Rand entfernt das Scharnierband an-
schrauben. Nun die aufgeklappte andere
Hälfte des Scharnierbands auf den oberen
Rand der Rückwand schrauben.

9 Für den Verschluss den Rundholzstab
in der Mitte durchbohren und die Enden
mit der Feile abrunden. Den kurzen Lederriemen durch das Bohrloch und dann beide Enden durch die Löcher in der Vorderwand ziehen. Die Riemen-Enden mit

einem Knoten zusammenhalten, den
Knoten aber noch nicht fest anziehen.

10 Die Enden des anderen Riemens
von oben durch die Löcher im Deckel ziehen und auf der Innenseite verknoten.
Durch Probieren nun die optimale Länge
der Riemen finden, dann die Knoten fest-
ziehen. Fertig ist die Putzbox. Wenn du
magst, kannst du sie nun nach Belieben
anmalen.

Für spannende Lektüre

das brauchen junge Leseratten

MOTIVGRÖSSE
großes Lesezeichen
24 cm lang
Lesezeichen mit Kordel
9,5 cm lang (ohne Kordel)

**MATERIAL
GROSSES
LESEZEICHEN**

* Fotokartonreste in Weiß, Schwarz und Pink

* feiner Filzstift in Schwarz (Augen, Nüstern und Maul)

**LESEZEICHEN
MIT KORDEL**

* Fotokartonreste in Weiß, Schwarz und Pink

* feiner Filzstift in Schwarz (Augen, Nüstern und Maul)

* Häkelgarn in Violett, ø 1 mm, 60 cm lang

* 4 Holzperlen in Weiß, ø 4 mm

* 2 Holzperlen in Violett, ø 6 mm

* Vorstechnadel

VORLAGE
Seite 54

Großes Lesezeichen

1 Von allen Motivteilen bis auf das Halfter Schablonen anfertigen. Die Umrisse auf Fotokarton übertragen und ausschneiden. Für das Halfter schneidest du einen 10 cm langen und 2 mm breiten violetten Kartonstreifen aus.

2 Nun das Maul mit einer Bleistiftlinie aufzeichnen. Den Kartonstreifen für das Halfter so auflegen, dass er am Maulwinkel beginnt und hinter den Ohren endet. Den Streifen aufkleben und das Ende direkt hinter den Ohren abschneiden. Mit dem restlichen Kartonstreifen das Halfter nach Vorlage ergänzen.

3 Klebe die beiden Mähnenteile auf und ergänze dann mit dem Filzstift das Maul, die Nüster und das Auge.

4 Schneide nun einen 30 cm langen und 3 mm breiten Kartonstreifen zu. Klebe ihn mit einem Ende oben schräg auf das Lesezeichen und schneide den überstehenden Streifen ab. Dann den Streifen 1 cm weiter unten aufkleben und wieder abschneiden usw. Fertig ist das Lesezeichen.

Lesezeichen mit Kordel

1 Schneide die einzelnen Teile mithilfe der Vorlage aus. Dann die spindelförmigen Formen aufeinanderkleben. Am Pferdekopf die beiden Mähnenteile aufkleben und das Gesicht aufmalen.

2 Den Pferdekopf so auf die Spindelform kleben, dass der Hals unten noch ca. 1 cm übersteht. Das untere Ende mit der Vorstechnadel durchstechen und das Häkelgarn zur Hälfte durchziehen.

3 Auf die Garnenden jeweils eine kleine, eine große und wieder eine kleine Perle auffädeln und dann einen Knoten machen, damit die Perlen nicht herausrutschen. Die Garnenden abschneiden.

Schmucke Stücke

für richtig gute (Pferde-)Freunde

MOTIVLÄNGE
ca. 19 cm

MATERIAL
ARMBAND MIT
PFERDEANHÄNGER

* gewachste Baumwollkordel in Pink und Bordeaux, ø 1 mm, je 1 m lang

* Spaltring in Silber, ø 7 mm

* Karabiner in Silber, je 1,4 cm lang

* Ringel in Silber, ø 7 mm

* Pferdeanhänger mit Karabiner in Silber, 3 cm lang

* 7 Holzperlen in Pink matt, ø 8 mm

* Flachzange

ARMBAND OHNE
ANHÄNGER

* gewachste Baumwollkordel in Pink, ø 1 mm, 2 x 1 m lang

* 4 Holzperlen in Rosa matt, ø 8 mm

* 3 Holzperlen in Bordeaux mall, ø 1 cm

* Spaltring in Silber, ø 7 mm

* 2 Karabiner in Silber, je 1,4 cm lang

KNÜPFVORLAGE
Seite 12

Armband mit Pferdeanhänger

1 Die beiden Kordeln jeweils halb durch den Spaltring ziehen und etwa 1 cm vom Ring entfernt den ersten Weberknoten knüpfen. Wie dieser funktioniert, kannst du auf Seite 12 nachlesen. Dort gibt es außerdem Schrittzeichnungen, die dir beim Knoten helfen. Bei allen Knoten sind die pinkfarbenen Kordeln die Knüpffäden und die bordeauxfarbenen Kordeln die Leitfäden.

2 Nach 7 mm den zweiten Weberknoten arbeiten. Dann die beiden Leitfäden durch die erste Perle ziehen und den nächsten Knoten fertigen. Nach weiteren 7 mm den nächsten Knoten arbeiten und dann wieder eine Perle aufziehen. Knote so weiter, bis sieben Perlen aufgefädelt sind. Danach kommen noch zwei Weberknoten mit 7 mm Abstand dazwischen. Bei einem schlanken Handgelenk einfach das Muster kürzen.

3 Nach dem letzten Weberknoten in jeden der beiden Knüpffäden einen einfachen Knoten machen und diesen dicht an den Weberknoten schieben. Den Knoten fest anziehen und das Fadenende abschneiden. Dann einen der beiden verbleibenden Leitfäden durch die Öse des Karabiners ziehen und dann beide Fäden mit einem einfachen Knoten zusammenfassen. Die Fadenenden auf ca. 1 cm kürzen.

4 Zum Schluss den Ringel entweder an den beiden Leitfäden oder an einem Knüpffaden in der Armbandmitte einhängen. Den Anhänger einhängen und den Ringel mit der Zange schließen. Fertig!

Armband ohne Anhänger

Das Armband wird wie oben in Schritt 1 bis 3 beschrieben geknotet, allerdings haben hier die Leit- und die Knüpffäden die gleiche Farbe. Achte daher darauf, dass du sie nicht versehentlich verwechselst.

Geduldiger Ordnungshüter

für Notizen, Erinnerungen und Fotos

MOTIVGRÖSSE
ca. 40 cm hoch

MATERIAL

* Sperrholz, 6 mm dick,
  40 cm x 40 cm
* Acrylfarbe in Schwarz
* Schwämmchen
* Gummiband in Weiß,
  5 mm breit, 4 m lang
* 16 Nägel, 1–1,2 cm lang
* Laub- oder
  Dekupiersäge
* Schleifpapier,
  Körnung 160
  oder feiner
* Bohrmaschine und
  Bohrer, ø 3 mm
  (Aufhängeloch)
* Feile
* Hammer

VORLAGE
Seite 57

1 Fertige von dem Pferdekopf eine Schablone an, übertrage ihn auf das Sperrholz und säge ihn aus. Die Ränder leicht mit der Feile abrunden und mit dem Schleifpapier glätten. Dann das Aufhängeloch an den Ohren bohren.

2 Die Farbe am besten mit dem Schwämmchen auftragen. Natürlich kann auch eine andere Farbe (z. B. Weiß, Rosa oder Violett) aufgetragen werden. Und vergiss nicht, auch die Kante zu betupfen.

3 Wenn die Farbe getrocknet ist, wird das Gummiband angebracht. Dazu ein Ende des Gummibandes vom Maul hinter die Ohren spannen. Den Kopf umdrehen und das Gummiband anspannen und zusammenknoten. Damit das Gummiband nicht verrutscht, schlägst du hinter den Ohren durch das Gummiband den ersten Nagel ein.

4 Nun das Band zur Kerbe zwischen Kopf und Hals und auf der Vorderseite schräg zum Hinterkopf spannen. Das Band verläuft parallel zum ersten Bandabschnitt. Das Band wieder jeweils mit einem Nagel fixieren. Achte darauf, dass die Bespannung straff ist.

5 Die Bespannung nach unten hin fortsetzen. Links unten angekommen, das Band vorn auf die Stirn vor den Ohren spannen, auf der Rückseite wieder nach unten und auf der Vorderseite zur Stirnmähne, wieder nach hinten und von der Kerbe hinter dem Kinn auf den Nasenrücken. Das Gummiband dabei jeweils mit einem Nagel sichern.

6 Nun nur noch das Ende sauber abschneiden und schon kannst du deine Notizen und Erinnerungen hinter den Bändern einstecken.

Mit Pferden durchs Jahr

gestalte deinen eigenen Kalender

MOTIVGRÖSSE
ca. 24,5 cm hoch
(gesamtes Motiv)

MATERIAL
* Blanko-Bastelkalender in Schwarz, A4
* Tonpapierkreis in Orange, ø 17 cm
* Tonpapier in Dunkelgrün, 21 cm x 14,5 cm
* Tonpapierreste in Hell-, Mittel-, Dunkelbraun sowie Hellbeige
* Buntstift in Rosa, Rotbraun und Dunkelbraun

VORLAGE
Seite 53

1 Schneide zuerst den orangefarbenen Kreis aus. Dann die Vorlage für die Stute und das Fohlen übertragen und ausschneiden. Der Körper der Stute ist mittelbraun, ihre Mähne und ihr Schweif sind dunkelbraun. Der Körper des Fohlens ist hellbeige, seine Mähne und sein Schweif sind hellbraun.

2 Die Mähne und den Pony der Stute von vorn aufkleben, den Schweif von hinten anbringen. Dann kannst du das Auge, das Maul, die Nüster, die Hufe und die Trennlinien zwischen den Ohren, den Hinterläufen und an der Backe mit dem dunkelbraunen Buntstift aufmalen. Das Innenohr ist rosa.

3 Beim Fohlen werden die Mähne und der Schweif von hinten, der Pony von vorn aufgeklebt. Das Auge, das Maul, das Ohr, die Nüster, die Hufe sowie die Trennlinien an Hals, Vorder- und Hinterläufen mit rotbraunem Buntstift gestalten.

4 Das Fohlen auf der Stute anbringen, dann auf dem gelben Kreis und dem grünen Rechteck fixieren. Das fertige Motiv auf das Deckblatt des Kalenders kleben.

Mein Tipp für dich

Den Kalender gestalten Die zwölf Innenseiten des Bastelkalenders kannst du z. B. mit tollen Pferdepostkarten gestalten. Dann begleiten dich deine Lieblinge Monat für Monat durch das ganze Jahr. Natürlich kannst du aber auch eigene Bilder oder Fotos einkleben, die dich z. B. beim Reiten oder auf dem Ponyhof zeigen.

Bitte nicht stören!

jeder braucht mal Zeit für sich

MOTIVGRÖSSE
ca. 30–32 cm hoch

MATERIAL
PRO MOTIV

* Fotokarton in Pink, A4
* Alukarton in Silber, A4
* Fotokartonreste in Pink, Schwarz und Gelb sowie ggf. in Weiß
* Schreibpapier in Weiß, A4 (Schilder)
* gewachste Baumwoll-kordel in Violett, ø 1 mm, 55 cm
* 12 bzw. 8 Holzperlen in Violett, ø 6 mm
* 4 Holzperlen in Weiß, ø 1 cm bzw. 1,2 cm
* Lochzange
* evtl. Computer mit Farbdrucker

VORLAGE
Seite 59

1 Von allen Motivteilen Schablonen anfertigen, die Umrisse auf den Karton übertragen und dann die Motivteile ausschneiden. Die Blüten schneidest du jeweils doppelt aus.

2 Auf die violette Hufeisenform das silberne Hufeisen und darauf die beiden schwarzen Bögen kleben. Beim Hufeisen mit der violetten Blüte außerdem noch die sechs silbernen Rechtecke als Huf-nägel aufkleben.

3 Klebe nun die beiden großen Blüten-teile versetzt aufeinander. Die Blüten-blätter etwas nach oben biegen und dann die gelbe Blütenmitte aufkleben.

4 Beschrifte das weiße Schreibpapier mit „Bitte nicht stören!" (das geht z. B. mit dem Computer sehr gut). Schneide dann das Schild mithilfe der Vorlage aus und klebe es auf den violetten bzw. gelben Fotokarton. Schneide das Schild danach so aus, dass ein schmaler Rand stehen bleibt.

5 Nun alle Motivteile – mit Ausnahme der großen Blüten – mit der Lochzange lochen. Die Kordeln anbinden und wie auf dem Foto die Perlen auffädeln. Die Kordel für den Aufhänger des rechten Türschilds ist 35 cm lang, die für den Auf-hänger des linken Türschildes ist 25 cm lang. Die Blüten werden nicht angebun-den sondern jeweils auf das Kordelende geklebt.

Für süße Träume

Kuschelkissen mit Pony

MOTIVGRÖSSE
Pferd ca. 32 cm breit

MATERIAL

* fester Kissenbezug in Blau
  gestreift, 50 cm x 50 cm
* Bügelvlies (z. B. Vlieso-
  fix®), 17 cm x 100 cm
* Baumwollstoffreste in
  Blau und Weiß mit blauen
  Blümchen
* Chiffonband in Hellblau,
  1 cm breit, 10 cm lang
* Plastikflachperle in Blau
  und Transparent, ø 6 mm
* Schmucksteinkleber
  oder Nadel und Faden
* Bügeleisen
* dünnes Baumwolltuch,
  z. B. Geschirrtuch

VORLAGE
Seite 58

1 Übertrage das Pferd, die Mähnenteile und den Schweif seitenverkehrt
auf die Papierseite des Bügelvlieses.

2 Das Vlies mit der beschichteten,
rauen Seite auf die linke Seite des gewünschten Stoffes aufbügeln. Lass dir
dabei am besten von einem Erwachsenen helfen und stelle die Temperatur
des Bügeleisens auf „Wolle" ein.

3 Das Pferd und die Mähnenteile
ausschneiden. Dann das Trägerpapier
abziehen.

4 Lege das Pferd mit der beschichteten Seite auf den Kissenbezug und decke
es mit einem leicht feuchten Tuch ab.
Dann das Motiv mit leichtem Druck Stück
für Stück aufbügeln. Dabei das Bügeleisen nicht schieben, sondern immer nur
aufsetzen, sonst haftet das Pferd nicht
auf dem Bezug.

5 Sobald das Pferd aufgebracht ist,
werden die Mähnenteile und der
Schweif aufgebügelt. Das Band auf die
breite der Hufe schneiden und ebenfalls mit dem Bügelvlies anbringen.

6 Zuletzt die Perle für das Auge und
die Nüster mit Schmucksteinkleber aufkleben oder mit Nadel und Faden aufnähen. Fertig ist der traumhafte Kissenbezug!

Süßes Pferdeglück

zum Reinbeißen und Genießen

MOTIVGRÖSSE
Kuchen ca. ø 26 cm
Hufeisen auf Muffin
ca. ø 3 cm

MATERIAL
KUCHEN
* Schokoladenkuchen,
  ø 26 cm
* 350 g Marzipanrohmasse
* etwas Mehl
* 1 EL Zimt
* dunkle Kuvertüre
* Lebensmittelfarbe in
  Grün und Blau
* 2 Dekorkirschen
* 8 Zuckerperlen in Grün
* Wellholz
* spitzes Messer
* Backpinsel
* Schaschlikstäbchen

PRO MUFFIN
* Muffin
* etwas Marzipanrohmasse
* Lebensmittelfarbe
  in Blau und Rot
* Zuckerperlen in Grün
  und Blau
* spitzes Messer
* Backpinsel

VORLAGE
Seite 60

Kuchen

1 200 g Marzipanrohmasse mit 1 Esslöffel Mehl gut verkneten und auf einer mit Mehl bestäubten Arbeitsfläche zu einer Scheibe von ca. 2 mm Stärke ausrollen. Den runden Boden der Backform auf die Marzipanscheibe legen und mit dem spitzen Messer ausschneiden. Tauche dabei das Messer immer wieder in heißes Wasser. Dadurch klebt die Marzipanmasse nicht fest und die Konturen werden genauer.

2 Weitere 100 g der Marzipanrohmasse mit einem glattgestrichenen Esslöffel Zimt und einem Teelöffel Mehl verkneten und auf 1–2 mm Stärke mit dem Nudelholz ausrollen. Die ausgeschnittene Pferdekopfschablone auflegen und mit dem Messer aus dem Marzipan ausschneiden.

3 Aus ca. 50 g ausgerollter heller Marzipanrohmasse die Mähne, den Pony und die Blesse ausschneiden. Die Teile auf der Rückseite mit etwas Wasser bepinseln und auf dem Pferdekopf fixieren. Für die Augen, das Ohrinnere und die Nüstern formst du vier plattgedrückte Marzipankügelchen und bringst sie ebenfalls mit Wasser an.

4 Etwas Kuvertüre im Wasserbad schmelzen. Das Schaschlikstäbchen eintauchen und die Details aufmalen (Pupillen, Nüstern und Halsfalte). Anschließend die runde Marzipanscheibe auf dem Kuchen anbringen und den Pferdekopf (mit Wasser angefeuchtet) darauf fixieren.

5 Zuletzt die Marzipanscheibe mit der Lebensmittelfarbe und mithilfe des Zeigefingers bemalen. Die Dekorkirschen als Blumen auflegen und mit den Perlen die Blumenstiele andeuten. Besonders hübsch sieht es aus, wenn aus den Kirschen kleine Dreiecke ausgeschnitten werden, sodass sie Blütenblätter bekommen.

Muffin

1 Aus der Marzipanrohmasse pro Hufeisen eine dünne, kurze Wurst rollen, in Hufeisenform bringen und mit dem Griff eines Messers flach drücken.

2 Dann kannst du die Lebensmittelfarbe auftragen und die Zuckerperlen eindrücken. Anschließend die Hufeisen auf der Unterseite mit etwas Wasser bestreichen und auf den Muffin legen. Leicht andrücken – fertig!

Das Glück dieser Erde

verleiht auch Tassen und Tellern ein wenig Zierde

MOTIVGRÖSSE
Tassen ca. 9 cm hoch
Teller ca. ø 19 cm

MATERIAL
* 3 Tassen in Weiß, ø 8 cm, 7,5–9,5 cm hoch
* Teller in Weiß, ca. ø 19 cm
* Porzellanmalfarbe in Gelb, Hellbraun, Schwarz, Hellgrün und Orange
* dünne Porzellanmalstifte in Blau, Grün, Hellgrün und Orange
* dünner Konturenstift in Schwarz
* Haarpinsel in dünn (Nr. 0–1) und mittel (Nr. 3–6)
* Kugelschreiber
* Klebefilm

VORLAGE
Seite 60

1 Pause das Motiv zuerst mit einem weichen Bleistift auf festes Transparentpapier durch. Danach das Motiv grob ausschneiden und seitenverkehrt auf das gereinigte, trockene Geschirrstück legen. Das Papier mit Klebefilm fixieren.

2 Die Linien mit einem harten Stift oder Kugelschreiber nachziehen. Dann das Papier ablösen.

3 Bei der Tasse mit dem hellbraunen Pferdekopf die schwarzen Linien (siehe Abbildung) mit dem Konturenstift nachziehen und trocknen lassen. Dann die einzelnen Motivteile wie abgebildet farbig ausgestalten. Dabei kannst du dich entweder an der Abbildung orientieren oder du lässt deiner Fantasie freien Lauf. Die Farbe gut trocknen lassen, dann kannst du das Herz, die Pünktchen und den Text aufbringen.

4 Bei der Tasse mit den Hufeisen malst du die Hufeisen direkt auf und lässt sie gut trocknen. Dann ergänzt du die Punkte und die Wellenlinie.

5 Bei der Tasse mit Herz malst du die schwarzen Linien mit dem Konturenstift auf. Nach dem Trocknen ergänzt du das Halfter und das Herz.

6 Beim Teller zunächst die schwarzen Linien mit dem Konturenstift aufbringen und trocknen lassen. Dann das Motiv wie abgebildet mit Farbe ausgestalten. Zum Schluss den Text aufbringen.

7 Die fertigen Motive müssen nun noch fixiert werden, damit sie dauerhaft auf dem Geschirr bleiben. Dazu die Farbe nach Herstellerangabe im Backofen einbrennen.

Mein Tipp für dich

Mit Porzellanfarbe malen Achte darauf, dass die Farbe nicht über den Konturenstiftrand hinaus gemalt wird, sie könnte ansonsten leicht verlaufen. Das Trocknen zwischendurch soll verhindern, dass du mit der Hand oder dem Ärmel die noch feuchte Farbe verwischst. Und falls doch mal was danebengeht: Einfach die Farbe mit einem trockenen Baumwolltuch wegwischen oder bereits getrocknete Farbe wieder abrubbeln.

Die rechts abgebildeten Arbeitsschrittbilder zeigen dir noch einmal, was bei den einzelnen Schritten zu tun ist.

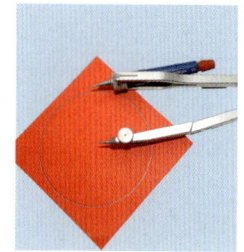

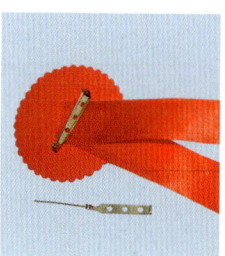

Ausgezeichnete Turnierschleifen

dekorative Blickfänge

MOTIVGRÖSSE
ca. ø 7,5 cm

MATERIAL

* Fotokartonreste in Weiß, Dunkelrot, Rot, Gelb und Violett
* Stoffbänder in verschiedene Farben, 1,5 cm und 2,5 cm breit, 20–25 cm lang
* 3 Broschennadeln mit Steg, 3,8 cm lang
* Konturenrandschere: Zickzack und Bogen
* Zirkel

VORLAGE
Seite 59 + 61

1 Zuerst mit dem Zirkel zwei oder drei unterschiedlich große Kreise auf den Fotokarton zeichnen, z. B. mit ø 4,5 cm, 6 cm und 8 cm. Wenn du eine Turnierschleife mit drei Kreisen machst, solltest du den mittleren Kreis auf ein andersfarbiges Papier aufzeichnen. Wenn du eine Turnierschleife mit zwei Kreisen machst, sollte jeder eine andere Farbe haben.

2 Nun die Kreise mit den Motivrandscheren ausschneiden. Beachte dabei, dass du immer innen oder außen an der Kreislinie entlang schneidest. Sonst wird der Kreis nicht rund.

3 Die Kreisscheiben aufeinanderkleben. Dabei wird das Ganze plastischer, wenn du die Scheiben nicht direkt aufeinander anbringst, sondern noch kleine Kartonreste dazwischen klebst.

4 Wende die Rosette und klebe auf der Rückseite drei, vier oder fünf Bandstücke an. Sie sollten zwischen 20 cm und 25 cm lang sein. Du kannst dich dabei an der Abbildung orientieren.

5 Noch die Broschennadel aufkleben, dann kannst du die Turnierschleife wieder wenden und die Vorderseite mit den kleinen Pferdebildern gestalten. Dazu findest du auf der Vorlagenseite mehrere Bilder. Kopiere einfach dein Lieblingsmotiv, schneide es aus und klebe es auf.

Wie zeichnet man einen Pferdekopf?

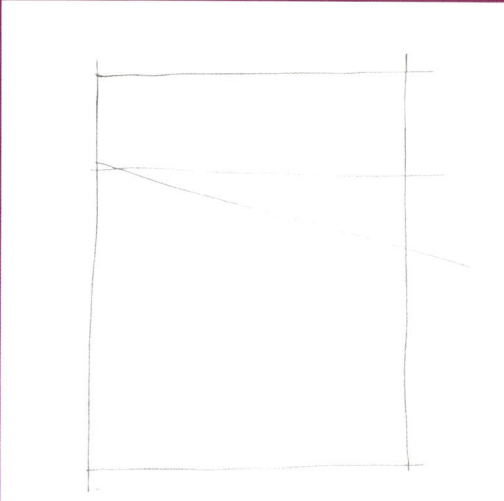

1 Zeichne ein Rechteck. Die waagerechte Linie deutet vorn den Nasen-Maulbereich an und die schräge Linie grenzt die Wange nach unten ab.

2 Ein Kreis und ein Oval am Nasen-Maulbereich und an der Wange machen diese deutlicher. Nun die Halslinie ergänzen und den Kopf oben abrunden.

3 Skizziere die Ohren sowie das Auge und die Nüster.

4 Die skizzierten Linien noch etwas nacharbeiten.

5 Jetzt kannst du die Hilfslinien aus dem ersten Schritt ausradieren.

6 Das Halfter skizzieren ...

7 ... und ausarbeiten.

8 Abschließend die Mähne ergänzen und alle Details noch einmal ausgestalten. Fertig ist dein Pferdekopf.

Stehende Pferde zeichnen – kein Problem!

1 Skizziere zuerst ein Quadrat. Mit einer waagerechten Linie den Bauch und mit zwei senkrechten Linien das Vorder- und Hinterbein andeuten.

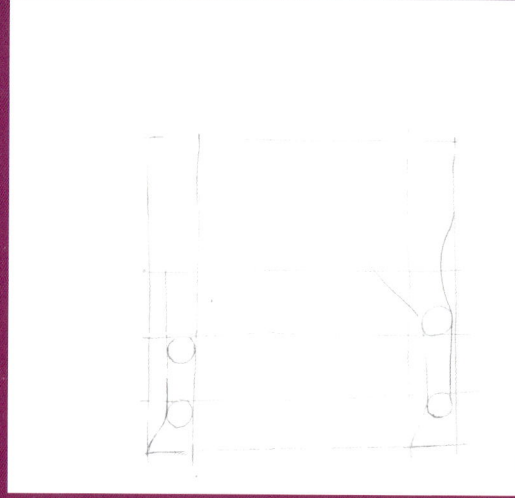

2 Zwei weitere waagerechte Linien und Kreise markieren die Gelenke. Der Verlauf der Vorderseite der Hufe und von Vorder- und Hinterbein deuten sich an.

3 Korrigiere die Bauchlinie etwas und ergänze die Rücken- und Halslinie.

4 Es folgen die vordere Halslinie und der zunächst rechteckige Kopf samt Ohr. Die Wange ist durch eine ovale Linie markiert.

5 Arbeite nun den Kopf heraus, indem du den Umriss festlegst sowie das Auge, das Maul und die Nüster einzeichnest. Den Schweif skizzieren.

6 Nun die gesamte Kontur nacharbeiten.

7 Radiere jetzt die überflüssigen Hilfslinien der ersten Arbeitsschritte aus. Dann die Mähne samt Pony ergänzen und den Schweif ausarbeiten.

8 Zum Schluss das zweite Vorder- und Hinterbein leicht versetzt und etwas kürzer ergänzen.

Materialien und Werkzeuge

FESTES TRANSPARENT-PAPIER wird zum An-fertigen von Schablonen gebraucht.

BLEISTIFT, SPITZER, RADIER-GUMMI, LINEAL ODER GEO-DREIECK® sollten zum Auf-zeichnen immer zur Hand sein.

Eine SCHERE brauchst du zum Schneiden von verschiedenen Materialien.

KLEBESTIFT, ALLESKLE-BER, TEXTILKLEBER UND EXPRESS-HOLZLEIM werden zum Verkleben verschiedener Materialien benötigt.

BUNTSTIFTE UND FILZSTIFTE brauchst du zum Ausgestalten deiner Basteleien.

Für Holzarbeiten brauchst du eine LAUBSÄGE MIT SÄGETISCHCHEN (BZW. EINE DEKUPIERSÄGE), EINE FEILE, SCHLEIFPAPIER UND SCHRAUBZWINGEN.

So wird's gemacht

Vorlagen übertragen

Zu fast jedem Modell findest du im Vorlagenteil die entsprechende Vorlage, die du mit einem Kopierer noch auf die angegebene Größe größer kopieren musst.

Mit Schablonen

Das Transparentpapier auf die Vorlage legen und alle Motivteile mit Bleistift abpausen. Das Transparentpapier auf einen dünnen Karton kleben und die Motive sorgfältig ausschneiden. Die so entstandenen Schablonen auf das entsprechende Papier legen, mit dem Bleistift umfahren und ausschneiden. Stabile Pappschablonen sind übrigens immer dann praktisch, wenn man die Schablone mehrmals benutzen möchte.

Mit Transparentpapier

Für diese Methode wird festes Transparentpapier verwendet. Das Transparentpapier auf die Vorlage legen und alle Motivteile mit einem weichen Bleistift abpausen. Das Transparentpapier umdrehen und die Zeichnung auf der Rückseite mit einem weichen Bleistift nachzeichnen. Das Transparentpapier wieder wenden und auf den passenden Karton legen. Dann die Linien noch einmal mit einem harten Bleistift nachfahren. So überträgt sich die Zeichnung auf die Unterlage. Diese Methode eignet sich auch sehr gut, um Gesichter zu übertragen.

Holz sägen

1 Die Vorlage wie oben beschrieben auf das Holz übertragen. Dabei darauf achten, dass sich die einzelnen Modellteile nicht überschneiden.

2 Das Modell mit der Laub- oder Dekupiersäge sorgfältig aussägen. In den Ecken zum Wenden immer auf einer Stelle sägen und das Modell langsam und ohne Druck drehen. Das ausgesägte Modell mit Schleifpapier sorgfältig in Richtung der Holzmaserung abschleifen.

Unsere Tipps für dich

Hilfe von einem Erwachsenen Das Sägen von Holz (mit der Dekupiersäge) sowie das Nähen mit der Nähmaschine ist gar nicht so leicht. Lass dir hier besser von einem Erwachsenen helfen.

Treue Begleiter
SEITE 16

Hier wohnt ein Pferdefreund
SEITE 6
bitte auf 200 % vergrößern

Für deine liebsten Schätze
SEITE 8
bitte auf 150 % vergrößern

Hier wohnt ein Pferde freund

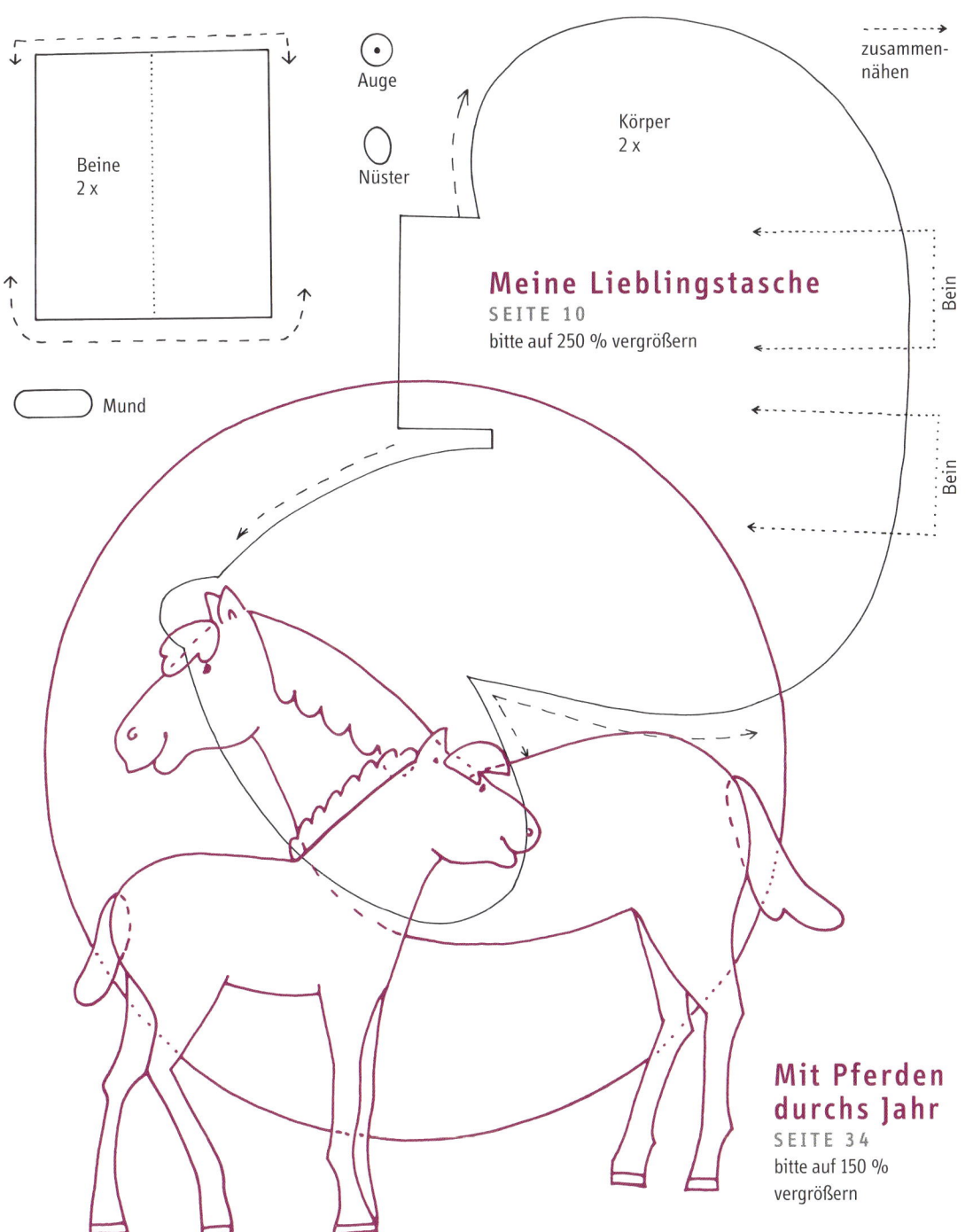

Beine
2 x

Auge

Nüster

Mund

zusammen-
nähen

Körper
2 x

Bein

Bein

Meine Lieblingstasche
SEITE 10
bitte auf 250 % vergrößern

Mit Pferden
durchs Jahr
SEITE 34
bitte auf 150 %
vergrößern

Gutscheine für Reitstunden
SEITE 17

Für spannende Lektüre
SEITE 28

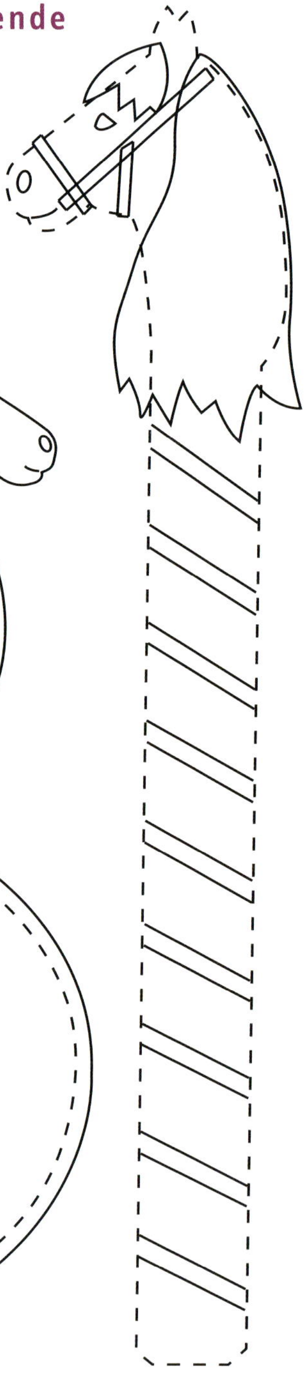

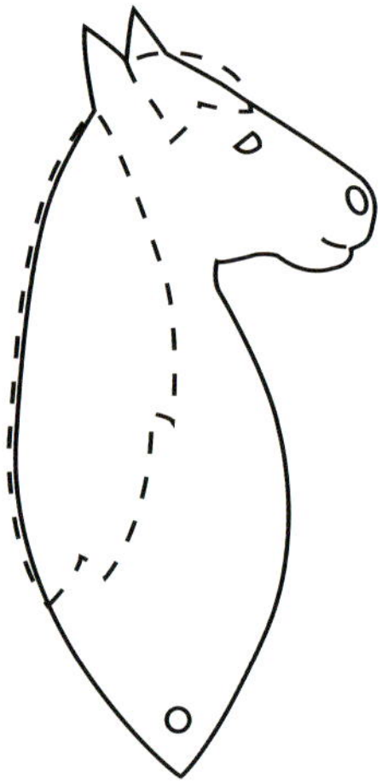

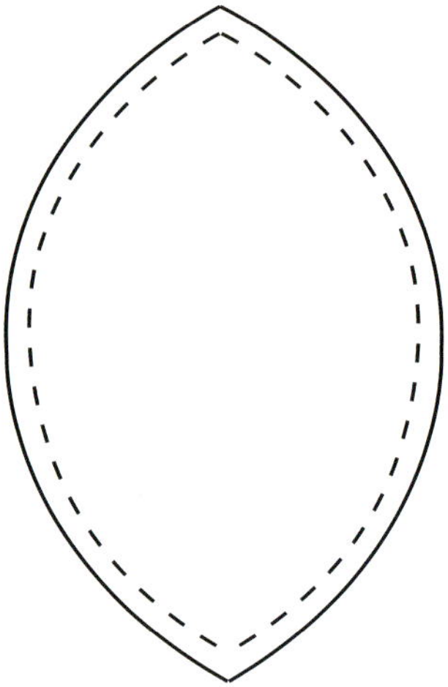

Im Galopp around the clock!

SEITE 18

bitte auf 200 % vergrößern

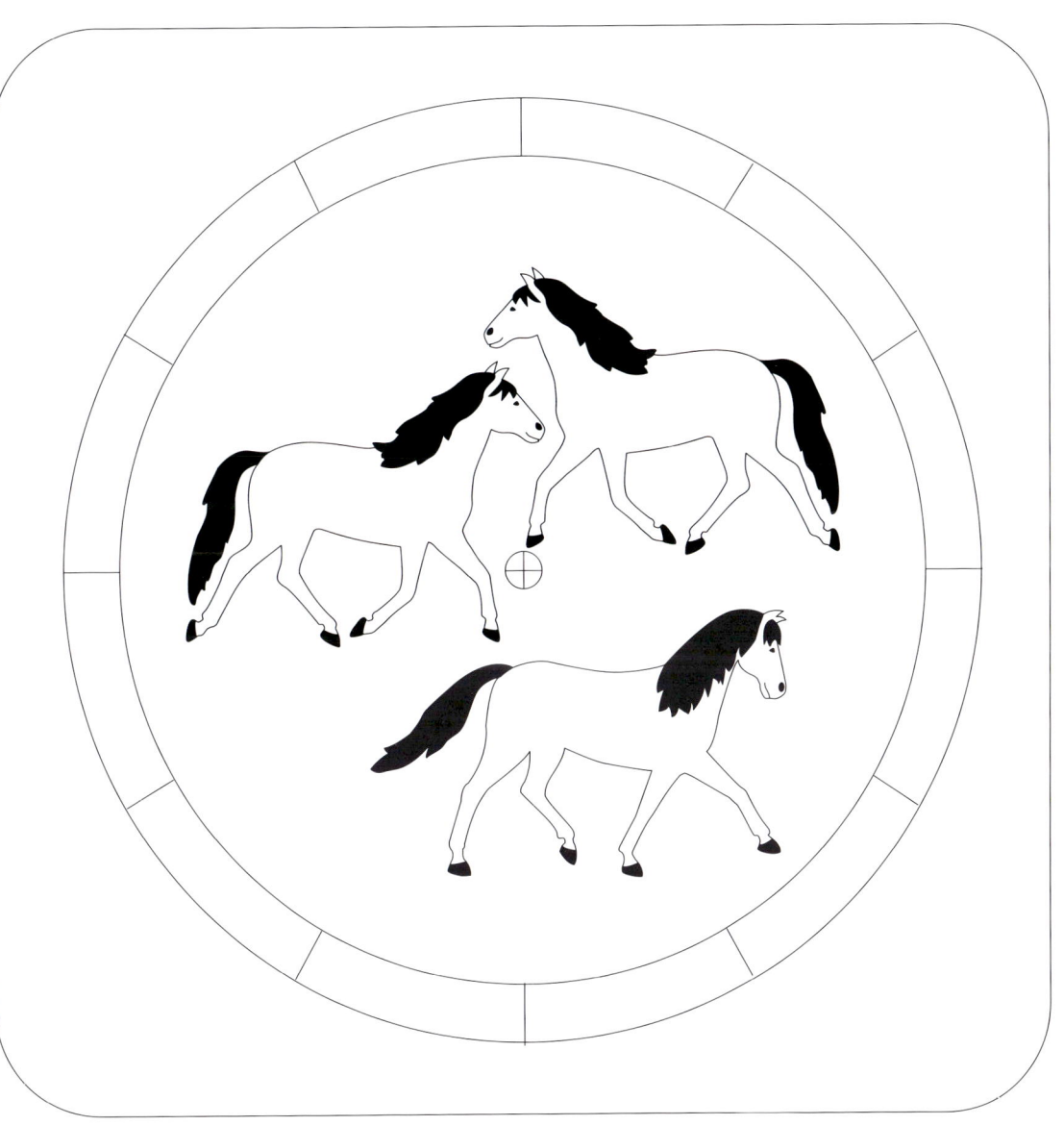

Stürmische Pferdeherde

SEITE 20

bitte auf 200 % vergrößern

Zwei edle Schimmel

SEITE 24

bitte auf 200 % vergrößern

56

Geduldiger Ordnungshüter
SEITE 32
bitte auf 250 % vergrößern

Zauberhaftes Winterpferd
SEITE 22
bitte auf 400 % vergrößern

Für süße Träume
SEITE 38
bitte auf 250 % vergrößern

Alles an Ort und Stelle
SEITE 26
bitte auf 350 % vergrößern

58

Ausgezeichnete Turnierschleifen
SEITE 44

Bitte nicht stören!
SEITE 36
bitte auf 150 %
vergrößern

2 x

Süßes Shirt
SEITE 14
bitte auf 200 % vergrößern

Das Glück der Erde
SEITE 42
bitte auf 150 % vergrößern

**Süßes
Pferdeglück**
SEITE 40
bitte auf 200 %
vergrößern

Ausgezeichnete Turnierschleifen
SEITE 44

Buchtipps für Sie

TOPP 5720
ISBN 978-3-7724-5720-3

TOPP 5048
ISBN 978-3-7724-5048-8

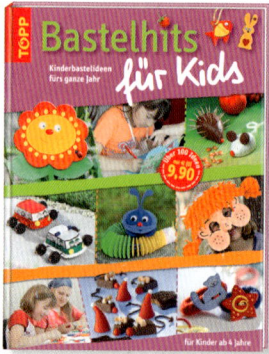

TOPP 5131
ISBN 978-3-7724-5131-7

TOPP 3605
ISBN 978-3-7724-3605-5

TOPP 3650
ISBN 978-3-7724-3650-5

TOPP 3724
ISBN 978-3-7724-3724-3

TOPP 3762
ISBN 978-3-7724-3762-5

TOPP 3773
ISBN 978-3-7724-3773-1

TOPP 5810
ISBN 978-3-7724-5810-1

Bastelideen für Kinder

Basteln, das heißt spielen, staunen, begreifen, lernen und die eigene Kreativität entdecken. Ob hübsche Dekoration, tolle Bastelidee oder spielerische Förderung: In diesen Büchern werden Sie garantiert fündig.

3

Die drei schönsten Modelle

x

e drei einfachs- n Modelle

Die drei ausgefal- lensten Modelle

3

TOPP – Unsere Servicegarantie

WIR SIND FÜR SIE DA! Bei Fragen zu unserem umfangreichen Programm oder Anregungen freuen wir uns über Ihren Anruf oder Ihre Post. Loben Sie uns, aber scheuen Sie sich auch nicht, Ihre Kritik mitzuteilen – sie hilft uns, ständig besser zu werden.

Bei Fragen zu einzelnen Materialien oder Techniken wenden Sie sich bitte an unseren Kreativservice, Frau Erika Noll.

> mail@kreativ-service.info
> Telefon 0 50 52 / 91 18 58

Das Produktmanagement erreichen Sie unter:
pm@frechverlag.de
oder:
frechverlag
Produktmanagement
Turbinenstraße 7
70499 Stuttgart
Telefon 07 11 / 8 30 86 68

LERNEN SIE UNS BESSER KENNEN! Fragen Sie Ihren Hobbyfach- oder Buchhändler nach unserem kostenlosen Kreativmagazin **Meine kreative Welt**. Darin entdecken Sie vierteljährlich die neuesten Kreativtrends und interessantesten Buchneuheiten.

Oder besuchen Sie uns im Internet! Unter **www. frechverlag.de** können Sie sich über unser umfangreiches Buchprogramm informieren, unsere Autoren kennenlernen sowie aktuelle Highlights und neue Kreativtechniken entdecken, kurz – die ganze Welt der Kreativität.

Kreativ immer up to date sind Sie mit unserem monatlichen **Newsletter** mit den aktuellsten News aus dem frechverlag, Gratis-Bastelanleitungen und attraktiven Gewinnspielen.

Eva Sommer ist beruflich seit vielen Jahren als Kindergartenleiterin tätig und hat bereits zahlreiche Bücher zum Thema Kinderbeschäftigung beim frechverlag veröffentlicht.

Armin Täubner lebt mit seiner Familie auf der Schwäbischen Alb und ist seit über 25 Jahren als ungemein vielseitiger Autor für den frechverlag tätig.

IMPRESSUM

MODELLE: Eva Sommer (Seite 6–11, 14–17, 22–25, 34/35, 38–43), Armin Täubner (Seite 12/13, 18–21, 26–33, 36/37, 44–49)

FOTOS: frechverlag GmbH, 70499 Stuttgart; lichtpunkt, Michael Ruder, Stuttgart; Armin Täubner (Arbeitsschrittfotos Seite 26 und 44)

PRODUKTMANAGEMENT UND LEKTORAT: Tina Herud

LEKTORAT: Susanne Pypke

GESTALTUNG: Petra Theilfarth

DRUCK UND BINDUNG: Finidr, s.r.o., Cesky Tesin, Tschechische Republik

Materialangaben und Arbeitshinweise in diesem Buch wurden von den Autoren und den Mitarbeitern des Verlags sorgfältig geprüft. Eine Garantie wird jedoch nicht übernommen. Autoren und Verlag können für eventuell auftretende Fehler oder Schäden nicht haftbar gemacht werden. Das Werk und die darin gezeigten Modelle sind urheberrechtlich geschützt. Die Vervielfältigung und Verbreitung ist, außer für private, nicht kommerzielle Zwecke, untersagt und wird zivil- und strafrechtlich verfolgt. Dies gilt insbesondere für eine Verbreitung des Werkes durch Fotokopien, Film, Funk und Fernsehen, elektronische Medien und Internet sowie für eine gewerbliche Nutzung der gezeigten Modelle. Bei Verwendung im Unterricht und in Kursen ist auf dieses Buch hinzuweisen.

Auflage:	5.	4.	3.	2.	1.	[Letzte Zahlen
Jahr:	2014	2013	2012	2011	2010	maßgebend]

© 2010 **frechverlag** GmbH, 70499 Stuttgart

ISBN 978-3-7724-5822-4 • Best.-Nr. 5822

DANKE!

Ein herzliches Dankeschön an den Reitstall Renz in Ludwigsburg und an Josepha.